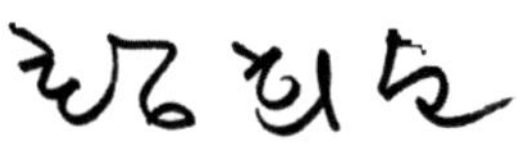

수혈놀이

애지시선 079

수혈놀이

2018년 10월 30일 초판 1쇄 발행

지은이 황희순
펴낸이 윤영진
편 집 함순례
홍 보 한천규
펴낸곳 도서출판 애지
등록 제 2005-000005호
주소 34570 대전광역시 동구 대전천북로12
전화 042 637 9942
팩스 042 635 9941
전자우편 ejiweb@hanmail.net

ISBN 978-89-92219-78-5 03810

* 본 사업은 대전문화재단, 대전광역시로부터 사업비 일부를 지원받았습니다.

애지시선 079

수혈놀이

황희순 시집

□ 시인의 말

폐기처분에 실패했다
남은 세포가 있었던 거다
그 한 점이 복제 또 복제
비어져 나오는 발을 주섬주섬 또
주워 담고 말았다
그것들을 풀어놓기로 한다, 다시
별이 되거나 새가 주워 먹거나

2018년 10월

황희순

차례

제2부

제3부

제4부

제1부

동물원 구경하기

우리 사이엔 튼실한 철조망이 있다
맹수일수록 좁은 공간에 홀로 갇혀 사는 법
나는 당신이 더 사나운 맹수라 하고
당신은 내가 더 사나운 맹수라 한다
나는 당신이 우리에 갇혀있다 하고
당신은 내가 우리에 갇혀있다 한다
나는 당신이 먼저 변했다 하고
당신은 내가 먼저 변했다 한다
서로를 향한 화살은 이제 그만
거두어들이기로 하자
만난 것도 우연이었으니
이별 또한 우연이어야 마땅해
서로 어디를 향해 가든
뒷모습 못 본 척하기, 돌아보기 없기
하늘 아래 달라질 게 없으므로
엄살은 금물, 우-우- 울지 마라

데칼코마니

몸에 박힌 옹이를 한 개씩 뽑아
너에게 심고 싶다

모든 옹이에
통증이 스며있는 건 아니다

네 것을 뽑아 내게 심는다면
기꺼이, 중심을 내놓을 것이다

이 별을 숨 쉬게 하는 건
서로 다른 너와 나의 옹이다

너무 높은 세상

그가 사다리를 접어 메고 간다
또 다른 그가 사다리를 접어 메고 따라간다
서성이던 그가 사다리를 한 번 더 접어 메고 간다
또 다른 그가 사다리를 접어 메고 그의 뒤를 따라간다
....
또 다른 그가 사다리를 접어 메고 그의 뒤를 따라간다
....

사다릴 밟고 올라서면, 어디
잡을 수 있는 별이 있을까
뒷모습이 닮은 저들은 사람인가
전생에 보았던 그림인가

깊이 몸 접어야
마음 놓이는, 나는
사람인가
누구의 사다리인가

수혈놀이

처음부터 우리 사이엔 날선 칼이 놓여있었지 서로를 넘나드는 발자국에 피가 묻어났지 나란히 누워 마주보면 이빨 사이로도 피가 스몄지 그 피 서로 핥아주며 낄낄거렸지 손만 잡아도 상처가 환히 피었지 너의 외로움과 나의 즐거움이 부딪치면 불똥이 튀었지 둘이 머문 들판은 언제나 축제장이었지 불꽃 낭자한 축제에 정신이 팔려 피를 몽땅 낭비해 버렸지 우린 껍질만 남아 밀려다니다 사라졌지 살고 살고 또 살아도 어김없이 혼자라도 다시 살고 싶어지는 12월, 오래 숨겨두었던 마지막 남은 피를 꺼냈지 새싹이 봄에만 돋는 건 아니지

雨水

꿈꿀까봐 두려운
입춘과 경칩 사이

깨끗이 까놓은 마늘, 싹이 돋아
하늘로 머리를 치켜세우고 있다
뿌리까지 잘랐는데 밤새
도망칠 궁리를 했던 거다
어쩌나, 나는 너를
놓아줄 생각이 없는데

꿈깰까봐 두려운
입춘과 경칩 사이

거두와 절미와

꼬리 자르기 딱 좋은 세밑가지에, 반짝거리는 것이 밤하늘의 별만은 아니지. 차가운 빗물에 젖고서야 반짝 외치는 한마디 빛. 길 끝에 버려진 저 구멍 난 헬멧은 얼마나 긴 시간 이 밤을 기다린 걸까. 약간의 취기와 비애가 몰려오던 그날 그 골목 끝, 목에 걸린 말 뱉으려다 뚝 잘라 버린 내 머리는 빛이라도 한번 뿜었을라나.

새로 돋은 이 머리는 가짜일 거야. 진짜라면 이럴 리 없어. 손에 둘둘 말아 쥐고 견디던 꼬리가 뭉쳐 머리 흉내 내는 걸 거야. 하여 목구멍을 시도 때도 없이 새나가는 말들을 어쩌지 못하는 거지. 반짝, 한마디면 족할 구차한 세상을 주절주절 흘리며 겨우 꼬리가, 이렇게 오래 꿋꿋이 버티는 건 반칙이지.

불면의 행간

달과별과산과구름과

너와너의그녀와그와

바퀴와개미와목련과

천장과책장사이사이

침묵하는침대와나와

여기야여기여기여기

소근대는소리들리니

살았니살아있는거니

꿈의 뿌리

자고 일어나면 꼭 깃털이 한두 점 빠져있다 한밤중 무슨 짓을 하는 것이냐 이 몸은 본디 날짐승이어서 매일 밤 하늘을 배회하는 건 아닐까 다 써버린 욕망 깜빡 잊고 더 높이 날아보려 파닥파닥 애쓰는 건 아닐까

왜 사람이 개같이 변하는 거니 아니 아니, 변하지 않으면 사람 아니지 누구도 원망 말자 간밤 경찰을 부르라 잠꼬댈 했다는데 살쾡이에게 쫓기기라도 한 것일까 혹시 날개 들킨 건 아닐까

그들이 떼어간 팔다리머리심장, 쓸모없는 이것들이 언제 이렇게 자란 거야 썩기 전에 뿌리까지 도려내고 사람 노릇은 이제 그만두기로 하자 보란 듯 구름 너머 훨훨 날아가자

J의 모서리

J는 흰 와이셔츠 안에 자신을 가뒀어요 기르던 고양이가 그를 떠난 후 누구도 그의 속살을 본 적이 없어요 누구에게든 한번은 더 보여줄 게 있다는 듯 첫 번째 단추만 늘 풀고 다녀요 날선 칼라 안에 무슨 그림을 숨겨놓은 걸까요 고양이에게 파 먹혀 갈비뼈만 오소소 남았을까요 그는 왜 시나브로 고요해지는 걸까요

J의 손에도 한때 꽃이 핀 적 있지요 꽃을 본 기억을 핑계로 두 번째 단추를 풀려다 목덜미를 베인 적 있어요 자신을 열지 않는 그를 궁구하는 일은 치기어린 모험이에요 모험을 아무나 하나요 사랑이 그러하듯 목을 내놓거나 간신히 빠져나온 길을 돌쳐가야 해요

그러고 보니 봄여름가을겨울, 한 계절도 한 마음도 온전히 움켜쥐어 본 적이 없군요 이번 生도 주춤대다 또 말겠어요

耳順

밤을 까먹다 토막 낸 벌레가 머릿속에
알을 슬었나보다

혼자 있을 때면 사각사각
갉는 소리가 난다

나, 곧
껍데기만 남을 게 뻔하다

이제야 비로소 내 몸에
무엇이든 담을 수 있겠다

파리와 논 적 있다

내 안에 들어앉은 재밌는 기억이 접으면 접는 대로 밟으면 밟는 대로 몸을 맡기던 그것이 요리조리 손아귀를 빠져나가며 꿈을 훼방했다 하여 꾸욱 납작하게 눌러 쓰레기통에 버렸다 버리고도 기어 나오면 어쩌나 안절부절, 쓰레기통을 비우고 나서야 안심했다

얼었다 녹았다를 반복하며 엎드려져 있던 날, 파리 한 마리가 들어와 일거수일투족을 참견하기 시작했다 귓전을 자꾸 맴도는 그놈을 며칠 만에 기어이 두 손으로 압사시켰다 오래전 쓰레기통에 버린 기억이 되살아났다 죽은 것은 절대 꿈꾸지 않아, 한때 나는 파리와 꿈꾼 적 있다

거기, 또

소리를 따라
숲에 들다

또 다른 소리를 따라
숲에 들다

또 다른 소리, 또 다른 소리
소리란 소리 다 모여드는

달팽이관
숲

숲이 모여 만든, 성
성에 갇힌 그

거기 또 다른
귀, 울음

蛇足之夢

뱀딸기도 처음엔 달콤했대 이쁘기까지 한 그것이 잘난 체를 넘치게 해서 神이 단맛만 빼앗고 뱀 곁에 뱀처럼 기어 다니게 만들어놓았다는 거야

뱀이 침 발라 놓았다는 그걸 할머니 몰래 따먹었다고 했잖아 맛을 잃은 뱀딸기가 복수한 거야 저를 탐한 어린 내게 덤터기를 씌운 거지 그렇지 않고서야 어떻게 사람 시늉을 이토록 오래 할 수 있겠어 이십 년 전에도 말했지 사람으로 둔갑한 나를 아무도 눈치 못 챘다고

모퉁이 들어서야 빛나는 이 비늘, 밤이면
세상을 날면들면, 훨훨 춤추는 긴 목
아직도 모르겠어?

내 눈, 똑바로 보라니까

제2부

別別 동거

개미집을 한참 들여다본 후
눈 두는 곳마다 개미가 있다
허벅지에도 손등에도
나타났다 사라지길 반복한다
발목 삐걱대는 소리
들은 걸까, 그 상처에
집을 짓고 있나
죽은척해 볼까
오래전 날아든 모기는
어디로 갔나
개미와 나와 모기와
서로 못 본 척하며
밑도 끝도 없이
기웃대며 부대끼며

초파리의 거울

초파리는 제 피가 붉다는 걸
알고 있을까
벽에 붙은 그를 친 손바닥에
쉼표만 한 피가 한 점 묻어났다
심장이 있었던 거니
붉은 네 심장을 내가 터트린 거니
죽은 듯 고요한 나날
벼랑의 현기 견디는 너를
밀어버린 거니
이 고요 어떻게 빠져나갈까
궁리하는 너를 지워버린 거니
맘 놓고 앉아있을 곳은 없단다
두리번대다 지워진 목숨이
어찌 너뿐이겠니
한밤을 지키는 별은 모두
이 땅에서 지워진 눈빛
너도 별이 되겠구나

내가 별이 될 때까지 나를
지켜보겠구나

말벌의 거울

실내에 들어온 말벌을 한방에 추락시켰다
구석에 널브러져 뒷다리 한쪽을 번쩍 든다
죽어서도 사는 시늉 한다
날개 한쪽을 또 들어올린다
죽으나 사나 멈출 수 없는 건
날아오르는 꿈
꿈을 꾸며 날개 벼리는 모양이다
그래그래, 죽기 직전까지
너나 나나 그래야 착한 거지
그렇다 해도
야금야금 죽는 건 싫어
한 번 더 밟을까
잘못 들어선 길에 나는 안녕한가
어깨를 목을 옴죽거리며
사그라드는 목숨 지켜보고 있다
나를 지켜보는 건
누구?

고추잠자리의 거울

앞차에 부딪친
흘레붙은 고추잠자리
수컷 머리가 뎅겅 잘려나갔다
동반자살을 꿈꾼 건 아닐 터
암컷이 수컷을 몸에 붙이고
보닛 위에서 몸부림을 친다
아무리 그래도 움켜쥔 목덜미
순순히 풀어줄 리 없지
그것이 외로움의 뿌리
지천에 널린 암수사랑법이다
신호대기 중인 나는 구경꾼
악다구니하는 너희를
눈앞에 두고
액셀을 밟아야 한다
4초, 3초, 2초, 1초,

영양의 거울

영양은 사자가 무서워 도망치는 걸까
죽는 게 무섭다는 걸 감각으로 알까
어미의 어미가 그러했듯
사자가 나타나면 무조건 도망쳐야 해
죽을힘 다해 도망치다 사자가 안 보이면
영양은, 에잇!
턱에 차는 숨을 삼키며 금세
도망친 이유를 잊고, 웃을까
죽고 사는 일에도 연습이 필요해
지금은 연습 중이야, 중얼거리다
사자가 반짝 또 나타나면
새로운 감각으로 도망칠까
다시는 없겠거니 살다가 닥치는 벽
밀쳐낸 벽이 벌떡 일어서고 또 일어서는
믿을 수 없는 세상을
영양과 나와 너와
기러기와 꼽등이와, 동고동락

동병상련 동상각몽
끝없는 이 미로를
어떻게 탈출할 것인가

바퀴의 거울

외출했다 돌아오면 물건이
제자리를 조금씩 이탈해 있다
서랍이 열려있거나
책상에 있어야 할 책이 식탁에 있다
이 방에 또 누가 살고 있나
꿈에 나타났다 책꽂이 뒤로 사라진
바퀴벌레? 언제 적 일인데
아직 살아있었어? 그동안
꼼지락거리는 내 손 엿보다가
흉내 내는 건가
이것이 사람을 무시하나
이 별에 먼저 든 자기가
주인 노릇 하겠다는 건가
영장도 아니면서 영장 노릇 한 죄
詩人 행세 한 죄, 너를 죽이려 한 죄
그래그래, 인정
같이 살자

꼽등이의 거울

횡단보도에서 꼽등이를 만났다
20초 안에 바스러질 이 생명을
안전한 곳으로 데려다줄까
잠깐 망설이다
그만두기로 한다
음습한 구석에 있어야 할
날개도 없는 그가
대로를 왜 방황하게 된 건지
이 길 걷고 있는 내게
아무것도 묻지 않듯
궁금해 하지 않기로 한다
금세 신호가 바뀌고
차들이 쌩쌩 지나간다
뒤돌아보지 말자
죽거나 살거나 제 운이지
앞서가는
더운 바람 한 점

직박구리의 거울

새벽이면 잠 깨우던 직박구리
그도 때로 나처럼
정체성 잃을 수 있지
삑사리 날 수도 있지
고무통에 빠진 그가 끼익끼익
비명을 지르고 있다
불볕더위에 목이 말랐던 모양
그래도 그렇지, 날개가 있잖아
좀 더 적극적으로 날아올랐어야지
한 뼘도 안 되는 물에 빠지다니
무슨 엉뚱한 생각을 한 거야
손가락 쪼아대는 그를 건져놓고 보니
대략난감, 알아서 살아라 알아서
중얼거리며 목련나무 가지에 올려놓았다
눈 딱 감고 돌아서자
지금부터 모른척하기
하루이틀사흘나흘

생각나도 걱정 않기

그의 노래 기다리지 않기

향어의 거울

우리가 물고기와 공감하지 못하는 결정적인 이유는 노는 물이 다르기 때문이다. 낚싯바늘에 꿰어 물 밖으로 끌려나온 물고기가 울지 않는 이유는 우리가 물속에 빠졌을 때 울지 않는 이유와 마찬가지다.*

만만한 목숨이 어디 있겠는가
낚싯바늘에 끌려나온 향어가
눈을 휩뜨고 펄펄 뛴다
2만 년 전에도 낚싯바늘을 썼다는데
물고기로 사는 거 쉽지 않았겠다
삼키면 안 되는 미끼 곳곳에 있어
사람으로 사는 것도 쉽지 않아
세상을 안다고 뭐가 달라지겠니
속울음도 씹지 마라
울어서 해결될 일 있다면, 나
매일매일 울었을 거야
안됐지만 오늘은

내 살 위해 네,

살이 필요해

* 조너선 벨컴, 『물고기는 알고 있다』에서

기러기의 거울

기러기는 저만의 나침반이 있어
수만 리를 날아가도 길을 잃지 않는단다
그를 시험키 위해 자석칩을 뇌에 심었더니
길을 잃더란다
고무나무도 주인을 알고
개미도 제 길 찾아 가는데
걸핏하면 길 잃는 나는
누구니, 거울아
외계인이 몰래 머리를 열고
자석칩을 심어놓은 건 아닐까
지구에 꼬물꼬물 붙어, 오늘은 또
어디로 흘러가는 거니
살 이유가 있긴 있는 거니
바퀴야 향어야 잠자리야
우린 모두 무엇인 거니

무당벌레의 거울

개미떼에 끌려가는 무당벌레
포기한 걸까, 왜 반항하지 않나
누구 편을 들어줄까
개미굴로 끌려 들어갈 즈음 무당벌레가
지그재그로 줄행랑친다
장난삼아 앞을 막았더니 딱 멈춘다
광속으로 몰려온 개미떼가 다시 끌고 간다
왜 참견했느냐 따지지 마라
어리석은 건 너다
살아있는 한, 발을 깨물고라도
잽싸게 도망쳐야지
언제 어디 어떤 상황이거나
숨 끊길 때까지 빡빡 기어가야지
누구도 탓하지 마라
먹거나 먹히거나, 이도 저도 아니거나
그들 게임이 어떻게 끝났는지, 나는
모르는 일이다

뒤끝뉴스

그가 말했다, 고양이는
배고파도 복종하지 않아
자유를 위해 가출하는 거야
비 그친 청량한 한낮
주차장 모퉁이에서, 그 고양이가
꼬질꼬질한 제 몸을 핥고 있다
더 구석진 곳으로 자리를 옮기더니
뒷다리 한쪽을 번쩍 들어 샅샅이 핥는다
바람조차 없는데 이따금 소스라치며
발바닥에서 꼬리 끄트머리까지 빼놓지 않는다
제가 뱉은 말은 제 몸에 반드시 달라붙는 법
지저분해진 저 혀는 어쩔 것인가
오물까지 소화시킬 능력이 생겼나
몸치장 끝낸 그가 빈정빈정 웃으며 덧붙인다
개는 주인에게 아부하잖아
세상엔 말이야, 진실을 외면하는 잡종들이
너~무 많아, 고양이는 절대 그러지 않거든

우이씨, 가출이나 할까?
노랑목도리담비가 고양이를 사냥하는 장면이
뉴스다, 한 마리는 도망치고 한 마리는 잡혔단다
담비에게 잡힌 게 혹시……,

랄랄랄

매미는 맴맴, 소쩍새는 소쩍소쩍
사람은 랄랄랄, 그래도 랄랄이라니
울음과 노래는 한통속이니
그냥 그렇게 운다고 치자

울음은 더 크게, 웃음은 되도록 살살
웃으면 복이 온다고 누가 그래
매미나 소쩍새나 사람이나
더 크게 더 많이 울어야 복이 오나니

生의 첫소리도 마지막 소리도 울음이라
잘 울어야 떡이 생기는 법
굴러다니는 환심을 주우려면
목청껏 울어야 해

눈을 부릅뜨고, 랄랄
더더 크게, 랄랄랄 랄랄랄랄

제3부

소멸의 기록

; 카를로 알베르트 거리 6번지를 나선 니체는 분노로 미쳐 채찍을 휘두르는 마부를 말리다가 말의 목을 휘감더니 흐느끼기 시작했다. 그 후 이틀을 누워있던 니체는, "어머니 전 바보였어요." 마지막 말을 웅얼거리고 10년을 정신 나간 사람처럼 누워있었다.

첫째 날 ; (바람은 여전히 한 방향에서 광폭하게 땅을 휩쓴다.) 나무좀 갉는 소리 들리니? 58년간 하루도 안 들은 날이 없어.

둘째 날 ; 술 한 병 주겠나? 어떻게 되어가긴, 모든 것은 파멸로 향해 가고 있어. 인간이 인간에게 내린 심판인 거지. 물론 하느님도 관여하시긴 했지. 지금껏 가장 끔찍한 일을 벌이신 게 분명해. 세상이 점점 나빠지고 있어. 가진 게 모두 비열하고 교만한 싸움 끝에 얻은 것이니 나빠지는 거야. 몇 세기 동안 계속 그들이 무엇을 만지든 만지는 것마다 모두 나빠지고 있어. 하늘은 물론이고 우리의 꿈조차도 그들 손아귀에 있지. 순간도 무한한 침묵도 그들 것이야. 고귀하고 탁월한 자들은 이를 지켜볼 수밖에 없었네. 어떤 신도 없다는 걸 이해하고 받아들일 수밖에 없었던 거지. 믿고 받아들일 수는 있어도 이해하기란 쉽지 않은 법, 이 세상엔 어떤 신도 없다는 걸 그들은 깨달은 거야. 그러니까 그 순간은 그들이 소멸되는 순간이라고 할 수 있지.

그만 하고 가보게, 다 헛소리군.

셋째 날 ; (long… long… take)

넷째 날 ; 우물이 말랐어요. (물을 찾아 떠나지만,)

다섯째 날 ; (다시 그 자리. 폭풍이 멈췄다. 말집 문이 굳게 닫히고 불씨도 꺼졌다. 웅크린 그의 몸에 정적이 내려앉는다.) 잠이나 자자. 내일 다시 해보자.

여섯째 날 ; 먹어, 먹어야 해. (생감자 베어 무는 소리가 딱 한 번, 뇌성같이 울린다. 그리고 ……………)

; 패배하고 승리하고 패배하고 승리하고, 그리고 이 세상엔 어떤 변화도 없었고 앞으로도 없을 거야. 그래, 다 헛소리였어.

* 위 시는 영화 〈토리노의 말〉 대사 재구성함.

Last Holiday

시간은 흐르고 시간을 따라 계절이 바뀌고
지친 거북이처럼 천천히 가기도 하지
가끔은 먹이를 노리는 매처럼 모든 것을 무시하고
삶을 뚫고 지나가기도 해
시간이 약이라는 말은 틀린 말, 상처를
아물게 하고 기억을 지울 뿐
더 나아지는 것은 없고 달라지는 것만 있지
우린 항상 무슨 일이 생기길 기다리며
가치 없는 일에 너무 매달리고 있어
두려운가봐, 그러니
'태어나지 않는 게 최선이야, 세상은
생각할 수 있는 최악의 것만 모여 사는
고뇌하는 영혼과 악마로 가득한 지옥' *
아들아, 어미가 범죄를 저질렀구나
이런 망할 놈의 세상에 생명을 탄생시키다니
고뇌를 겪게 하다니
인생은 이유 없는 시작의 연속

반복되는 춤을 두려워하지 않으면 돼

라라라, 멈추지만 않으면 돼

* 위 시는 영화 〈Last Holiday〉와 〈안토니아스 라인〉 대사 재구성함.

* 쇼펜하우어.

에필로그

너무 혼란스러워하지 마요
오해 받길 바라지 않잖아요
바람은 술과 같은 거라서
적당히 마시면 심장에 좋죠
겨우 3일, 불장난한 거예요
훌륭한 선수는 생각을 안 한대요
대체로 사기꾼은 자신을 감춘다죠
어느 것도 망치고 싶지 않아요
백조이면서 오리처럼 살거나
오리이면서 백조처럼 살거나
도덕성이 결핍되었다는 건 아니에요
행복과 모험은 같은 혈통이죠
진심으로 모험을 원한다면
기회를 꽉 잡아야 해요
다시 시작이에요
시작은 언제나 함정을 감추고 있어요
기다리는 것도 꿈의 일부

꿈이 어긋나더라도
쿨하게 돌아서기, 그리고
잊기

*위 시는 영화 〈Love affair〉 대사 재구성함.

인생은 아름다워

몸속 깊이 우겨넣었던 발을 꺼내 옥상 난간에 세워두었다. 골목 어디 잃어버린 길이 혹시 보일지 모르지. 가까운 길도 뱅뱅 돌게 만드는 내비게이션을 어찌 믿겠어.

조슈아, 너는 아비를 믿은 거니? 진짜 게임은 이제부터 시작이란다. 동틀 무렵에만 지저귀는 새 소리 되새김질하며 저녁을 먹고 있었어. 시계 초침소리가 시끄러워 건전지를 빼버렸지.

그래도 옥상의 시간은 흘러가나봐. 소리를 죽이고 또 죽이고 자막만 읽어도 바스락바스락 잡음이 나. 귀를 틀어막아도 자꾸 들려. 숨어 흘러가는 시간이 발을 삼켜버렸나봐. 몇억 광년 너머, 작별인사도 없이 사라진 내 아이 찾으러 가야 하는데, 어쩌지?

어여쁜 조슈아, 이건 끝까지 게임이야. 그래그래, 인생은 아름다운 거라고 말했잖니.

* 인생은 아름다워 : 이탈리아 영화 제목.
죠수아 : 영화 속 아이 이름.

인생이 아름다워?

한때는 숨기 좋은 곳이 있었지. 따듯하지 않아도 위태롭지는 않았어. 그날 이후 가지가 하나씩 툭툭 부러지고 하늘이 훤히 보이기 시작하더군. 그게 하늘이 땅이 무너질 징조였다는 걸 삼십 년이 지나서야 알아차렸어.

그 후 숨을 곳을 찾아 헤매는 동안 키가 자라, 어딜 가나 꼬리도 점점 비어지게 자라, 그늘조차 없는 허허벌판에 홀로 서있게 되었지.

유독 한 나무에만 모여 지저귀는 참새들 본 적 있니? 숨기 좋은 나무의 비밀을 사람이 어찌 알겠어. 어여쁜 조슈아, 이젠 네가 술래 할 차례야. 영영 숨은 네 아비는 나중에 찾기로 해.

비어져 나온 이 꼬리부터 싹둑 잘라 묻고, 숨어볼까? 흐흐 그래그래, 인생은 아름답다고 했지. 찾으라고 말할 때까지 눈뜨기 없기. 몸 숨길 만큼 땅 파낼 때까지 찾기 없기.

〉

흡, 숨소리도 내면 안 돼. 더 꼭꼭 숨어야 해. 누가 뭐래도 살아남아야 하니까.

고통의 규칙

시대에 뒤떨어졌다고 한들, 쓰레기통에 처넣을 부르주아 심심풀이라 한들, 어쩌겠어요. 부자들은 취미를 갖고 있지 않아요. 자신을 위해 훌륭한 취미를 갖고 있는 사람에게 돈을 줄 뿐이지요.

나에겐 두 번의 사고가 있었어요. 전차사고와 디에고를 만난 일. 모든 것의 시작인 디에고. 파괴의 신 디에고. 그에게 슬픈 나를 다 줬어요. 그를 저주해야 할지 그를 위해 기도해야 할지 모르겠어요. 어디든 걸어가는 그를 찾아 헤매는 일도 지쳤어요. 내가 할 수 있는 건 계속 살아있는 거였어요.

광기는 도전이기도 하지요. 한 남자가 여자를 스물두 번이나 찔렀어요. 약간의 상처 때문이래요. 이 시체가 아직 숨은 붙어있어요. 누구냐고요? 프리다 칼로 귀신이에요. 그때 내가 뭘 원했는지 기억나게 해주세요.

밤은 지나가겠지요. 모두 내게 어둠을 말해요. 날개가 있다면 발이 무슨 소용 있을까요. 나는 나 자신이 되고 싶었어요. 내 안의 프리다는 이제 사라졌어요. 남은 게 뭔지 보세요.

프리다 칼로 作
〈희망없는〉(1945)

I hope the exit is joyful, And I hope never to return*
(이 외출이 행복해지기를, 그리고 다시 돌아오지 않기를)

* 위 시는 영화 〈프리다 칼로〉 대사 재구성함.
* 프리다 칼로의 마지막 메모.

어리석은 멜로

기억이 우릴 지켜줄 거야
행복을 지나치게 믿어선 안 돼
서로를 모를 때 하는 질문은
끔직한 무기가 될 수 있지
다가올 일은 서서 기다리면 돼
본능이 시키는 대로 항상 그래 왔어
남자와 여자에게 벌어질 일은 결국
불행해지는 것, 멋지지 않아?
우연은 자주 찾아오지 않아
살면서 만나는 많은 일들은 계속
우릴 따라다닐 거야
익숙한 저 중얼거림들
엿들은 말, 실수로 뱉은 말까지도
입술에 남아있을 거야
불쾌한 웃음소리와 우릴 스친 손길도
피부에 남아있을 거야
우리가 만난 사람들이 전부

기억 속에 살아있고
게임이 끝난 후에도
막무가내 매달려 있겠지
이건 너무 어려워
늙기를 기다리기엔 너무 지겹다고
차라리 다시 죽는 게 낫겠어
전부 다 너무 어려워

* 위 시는 영화 〈당신은 아직 아무것도 보지 못했다〉 대사 재구성함.

나머지 사람들

까마득한 옛날, 7일 동안 일어난 일이야. 그땐 세상에 아무것도 없었어. 신은 홀로 모든 걸 창조하셨지. 그리고 또 하나, 사랑스런 너를 내게 보내셨지.

쉿, 입을 막았을 뿐인데……. 네가 왜 움직이지 않는지 나중에 알았어. 내 자식을 내가 죽인 거야. 총을 들었지. 내 이마에 대고 방아쇠를 당겼어. 그뿐이야. 한참 뒤 네 목소리가 다시 들리기 시작했어. 아무 일 없다는 듯 놀고 있었어. 죽었으면서 넌 안 죽은 거야. 절대 포기하지 말고 강해지라고, 좋은 엄마가 되어보라고, 신이 기회를 주시는구나 믿었지.

모든 게 어렴풋이 보여. 견디기 힘들 땐 냉정해져야 해. 커튼을 닫아야 환해지는 낯선 방. 빛은 위험해. 이건 꿈이 아니야. 저승이 정말 있을까. 있다 해도 가면 안 돼. 여기가 이승이자 저승. 죽은 자와 산 자가 함께 사는 곳. 그래야 해. 그래야 해.

* 위 시는 영화 〈The others〉 대사 재구성함.

암호들

> 난도망옮겼습니다목에작별연락주시기바랍니
> 다그녀가시간이되면일일도베트남음식즐길수
> 있다초대했기를기대합니다영광것으로알려져
> 그제공가족의건강과그행복을기원합니다
>
> —베트남에친구 노퐁히엔*

평생 헤아려도 모자랄 하늘을 별을 기억의 가지를, 온몸으로 꿈틀거리다 끝날 게 뻔한 소통불가 사랑을 연민을, 쌀국수 먹으러 가자던 약속을, 일당 8만 원 좇아 도망치듯 가버린 이주노동자 등짐 무게를, 부자가 되고 싶은 스물여덟 살 청년의 소원을, 혈세낭비 외유에 신명 난 위정자 뒤통수를, 날개도 없는 전직 대통령을 부엉이바위에서 날아가게 만든 이 나라를, 꽃 같은 아이 수백 명을 수장시키고도 울지 않는 잔인한 권력을, 오렌지만 한 태양을 초속 30Km로 달리는 모래알만 한 지구 대한민국 대전에 잠시 정박한 우주 미립자 나를 또 당신을, 누가 간단히 풀어 읽을 수 있겠는가.

히엔, 그래도 고개 숙이지 마라. 내 형제도 오래전 너희처럼 사막으로 품팔이 간 적 있다.

* 보증 서달라는 손을 뿌리친 다음 날, 현관문에 띄어쓰기 없는 히엔의 편지가 붙어있었다.

역할놀이 1

상주 지나는 논틀밭틀길에 불량해 보이는 허수아비가 떼를 지어 서있어요. 아무도 안 보는 사이 저들은 지나가는 사람 등에 대고 종주먹질을 하거나 동네사람 골탕 먹일 모사를 꾸민대요. 옷을 바꿔 입고 얼굴까지 뜯어 서로 바꿔 끼워가며 알리바이를 만든대요.

논 가운데 몇몇 허수아비가 허리를 굽혔다 폈다 하데요. 야아 저어기, 저기 좀 봐, 허수아비가 움직여. 에이 바보야, 저건 사람이야 사람. 옆에 앉은 허수아비가 턱밑에 종주먹을 들이대네요.

역할놀이 2

공사가 시작되던 그날, 흙투성이 천막비닐을 푸는데 혼자인 줄 알았던 돌부처가 아기를 안은 여인을 옆구리에 끼고 누워있었대요. 여인은 아기를 안고 살그미 공사장을 빠져나가고 돌부처는 자신과 상관없다는 듯 미동도 하지 않더래요.

수군대는 중생들을 내려다보는 돌부처가 오늘도 껍데기만 제자리에 두고 알맹이는 어디서 무얼 하는지 누가 알겠어요. 종로를 떠도는 두억시니가 그의 아들이라는 소문만 무성하다는군요.

12 점묘도

1월, 辨

겨울이 겨울답지 않아서 그가 그답지 않아서 삭발했다 방바닥에 엎드려 바리깡으로 깨끗이 밀었다 그 후 며칠째 자연암 풍경이 내려와 가르랑가르랑 명치를 건드린다, 너도너답지않아 너도너답지않아

2월, 困

약항아리 손에 든 덕주사 약사여래불이 인간의 아픈 곳을 대신 앓고 있다 머리 아픈 이에겐 이마를 다리 아픈 이에게는 무릎을 한 점씩 허물어 내어주고 있다 나도 깊이 파인 그의 가슴을 검지로 꾹 찍어 먹어본 적 있다

3월, 癡

만약에, 만약에 말인데, 나의 도플갱어가 나타난다면, 낯선 길에서 친구 만나면 몰라보듯, 누구지? 어디서 봤더라? 그러겠다 나는 나를 자세히 본 적 없으므로, 잘 알지 못하므로

4월, 假

한뼘 한뼘, 시는 이렇게 쓰는 거야 발 헛디딘 자벌레 벚나무에 매달려 시를 쓰고 있다 잘난 척하던 시인 말똥이 뒤통수 한대 맞은 거라, 사람보다 개가 호강하는 개같은 세상에 그의 뒤통수 누가 때렸는지 모른다 몰라

5월, 寂

달리다 넘어질 뻔한 아이를 붙잡아 세우고 몇 살이냐고 물었다 손가락 네 개를 펴보인다 수어를 주고받던 아이 부모가 머리를 깊이 숙인다 잠시도 아이에게 눈을 떼지 않는 어미 눈이 길이다 다시 태어나고 싶은 고요한 봄

6월, 描

안드로메다은하가 우리은하 쪽으로 시속 360,000㎞로 끌려와 50억 년 후엔 합쳐질 거란다 그즈음 태양계는 우주 먼지로 흩어진 뒤일 터, 시속 1,699㎞로 자전하는 지구를 시속 3㎞로 걷고 있는 개미보다 조금 큰 벌레, 지금 나는

7월, 貪

詩 속에 오래 숨어있었다 숨바꼭질도 싱거워졌다 오래 버려둔 말들이 정수리까지 고여 썩는 중이다 어디로 가야 하나 냄새 풍기는 나를 툭 엎질러줄 누구 없을까

8월, 非

이백 원 더 내요, 둘이 천원 냈으면 됐지 뭘 그래유, 으른은 천이백 원여요, 키가 짝으니께 쪼꼼만 내두 되잖유, 짝어도 으른이잖어요 으른, 읎이유, 증말 미치겄네//열 살쯤 된 사내아이를 앞세운 척추장애인 아비와 버스기사가 실랑이한다 지갑을 만지작거리다 말고 차창을 빼꼼 열었다 정말 미칠 것 같은 염천바람이 숨을 훅 틀어막는다

9월, 像

바람이 어디서 오는지, 어디서 서성이다 발길 돌리는지, 서성이다 사라지는 사람을 왜 바람이라 하는지, 흔한 바람을 왜 사랑이라 하는지, 바람과 사람과 사랑이 왜 한

통속인지, 반백년을 살고 더 살다보면 조금 알 수 있지

10월, 哀

말에 찔려 덧난 상처 딱지 겨우 앉았다 꾹꾹 눌러도 아프지 않다 아픈 기억만 남았다 딱지를 확 잡아 뜯었다 환히 피어나는 한 줄기 빛, 몸에 꽃잎 하나 또 늘었다

11월, 爲

그가 잘 가라고 하면 달콤했다 하여 나도 잘을 잘 썼다 입천장에 살짝 닿았다 떨어지는 혀 위로 잘이 초콜릿처럼 녹아내렸다 어느 날 잘 가라고 했더니 그가 영영 가버렸다 이제 잘을 잘 쓰지 않는다 잘 쓰지 않고도 잘 산다

12월, 囚

방에서만 두 계절을 지내며 우리에 갇혔다고 생각했다 밖에 나와 보니 집 밖이 우리다 다시 개구멍 하나 없는 우리에 갇히다

제4부

자폐

이봐요,

자기 가슴을 그렇게

자세히 들여다보는 거 아니에요

그 안에 바닥없는 벼랑이 생길지 몰라요

다시 살고 싶어져도 제자리로 돌아갈 수 없어요

움푹 파인 당신의 절망과 절망과 절망 사이

계단이 있어요, 벼랑이 보이기 전에

한 계단 한 계단 밟고 올라서요

이 땅에 사람답게 필 기회

꼭 한 번뿐이에요

어서요

별의 변주

— 空無路程

머리말에 수백 개 별이 떠있었어요 한 달에 꼭 한 개씩 따먹었지요 반짝이는 별을 따먹어도 고단한 허기만 몰려왔어요 뱃속에 열 달 머물다 나온 특이한 별도 있었어요 희망이던 그 별은 하늘로 갔어요 하늘로 간 별은 무엇이 되었을까요

이러구러 바장대다 보니 한 개 남았더군요 가물거리던 별마저 간밤 홀랑 먹어치웠어요 머리말이 이제야 정갈해졌어요 무엇을 그려 넣어도 어울리는 어둠이 되었어요 별을 지키던 얼굴은 낡아 눈만 남았네요 퀭한 그 눈을 통과해야 한대요 시간이 얼마 남지 않았어요 뒤따라오는 발자국 지울 지우개가 필요해요

거기, 누구 없나요?

돋아라, 날개

밀어도좁혀지지않는횡단보도, 횡단보도에고인남루, 남루가싸맨발한점, 발한점에얹힌굽은등, 굽은등떠미는경적소리, 경적소리에밀려가는늙은시간, 늙은시간이짚고쉰담장절벽, 절벽에기댄무릎, 무릎까지내려온가쁜숨, 가쁜숨물고날아가는비둘기, 비둘기날개삼킨무거운신발, 신발에돋은날개, 날개단신발, 날아라날아라

분꽃프리즘

분꽃귀고리 만들어주던 엄마는 서른일곱 이쁜 여자였고 나는 울배기 일곱 살 여자였어요 엄마가 그러했듯 여자라서 불편한 세상 다 허비하고 얼결에 무늬만 남았어요

애간장은 누가 다 파먹었을까요 낯익은 저 여자, 죽어야 편하지 죽어야 편해, 노래 부르던 엄마가 저기 있네요
엄마, 이만하면 이 딸도 잘 버틴 거지?

간당간당 매달려 사느라 도려낸 뒤통수 누가 볼까봐 모자 깊이 눌러쓰고 엄마 무덤 가요 끝까지 편들어주던 유일한 별, 이제는 편해졌을 여자 만나러 가요

절호의 찬스

Enter키 실수 한방으로
컴퓨터에 저장된 File을 몽땅 날렸다
정수리까지 넘실넘실 고였던 기억이
깨끗이 지워졌다
앗, 이때다 도망가자!

도망가다 땅이 푹 꺼진다면, 하여 생매장된다면, 한 천 년 후 깨어난다면, 깨어나 처음부터 다시 시작하게 해달라고, 前生은 다 무효라고, 그렇게 사는 게 아니었다고, 천지신명께 빌고 또 빌어 다시 살게 해준다면, 한 번만, 딱 한 번만, 그럴 수 있다면,

그럴 수 있다면, ㄱ도 ㄴ도 ㄷ도, 또 당신도
눈에 담지 않을 것이다

그 자리

마늘밭둑 쪼그려 앉은
팔순은 되어 보이는 노인
曰,

싹이 났네
아이구우 저거 줌 봐아
마늘 심으믄 마늘 나구
파 심으믄 파 나구우

백만 번쯤 보고 또 보다보면
하나마나한 말도
특별해지는
봄,

사방팔방 귀

젊은 날개 야금야금 갉아먹은 얄미운 쥐를 생각하며 물고기 입질을 기다리고 있었어요 이쪽도 그쪽 시간을 한번 갉아먹어 보려 했지요 쥐섬에 귀가 없다는 소문을 믿은 거예요 물에서 못한 말 늘어놓아도 괜찮을 거라 생각했어요 야미도를 더듬어온 파도가 옆구리를 살살 건드리데요 찌는 꼼짝도 않는데 몸이 왼쪽으로 자꾸 기울었어요

장난인 줄 알았지요 낮말까지 엿듣는 쥐, 웃기잖아요 한나절 그쪽 귀를 밟고 서있었던 거예요 누구누구 흉도 보고 욕도 했는데 흔적만 남은 날개는 무사할까요 뿌리까지 뽑히진 않겠지요 마구 뱉은 말이나 시간은 어디로 흘러갈까요 이 몸은 또 어디로 떠내려가고 있는 걸까요

그 겨울의 역사

— 정형외과 병동 724

반듯하게 누우세요. 무릎을 세우세요. 나의 상상력이 귀를 쫑긋 세운다. 울지 말어, 울긴 왜 울어. 괄괄하던 그녀가 나긋나긋 말한다. 병수발하던 팔순 남편이 간호사를 밀치듯 코를 팽 푼다.

반듯이 세우세요. 더 벌리세요. 여자는 기저귀를 차고 그 자세로 누워있을까. 두런대는 남자는 어디에 시선을 두고 눈물을 훔칠까. 꿈에서 끄집어낸 꽃은 밤새 몇 번이나 피었다 질까. 커튼 너머 두런대는 노부부 목소리가 밤이슥토록 깨알같이 굴러다닌다.

회진하는 木手

— 정형외과 병동 724

검지와 중지를 톱날같이 치켜든 의사가 노인의 무릎 아래와 위를 마름질한다. 여기서 여기까지 이만큼, 되도록 무릎은 남기려고 하는데… 어…어… 그…글쎄요, …봐야겠습니다. 톱날 지나간 자리에 그어진 붉은 펜 자국이 주름진 허벅지를 파고든다.

쪼그려 앉아 밤을 지새운 노인이 절룩절룩 낭떠러지를 걷는다 엄니, 그만 좀 누우세요. 아~아~아녀, 괜찮어 괜찮어, 원제 또 걸어보겄냐. 이동침대가 병실 복도에서 기다리고 있다. 한 발짝만 더, 한 발짝만 더더, 지팡이가 몇 시간 후면 잘릴 썩어 들어가는 오른발을 자꾸자꾸 끌고 다닌다.

덫에 걸린

土.

기다려도 신호등이 바뀌지 않는다 사람들은 고장 난 거라며 마구 건너간다 빨간불이 한 여자만 노려본다 뭐가 잘못된 것일까

日.

이승에서 사라진 목소리만 궁금하다 입 다물고 귀 막고 눈 감아도 길고 긴 하루 또 하루, 살아있는 건 모두 시끄럽다

月.

와글와글 좀 슬고 있는 머리, 방충악취제거 나프탈렌을 머리맡에 걸어놓았다 삼키다 만 말도 꺼내 곁에 두고

火.

이십 년을 하루같이 어깨에 내려앉는 그림자, 백년이 가도 꿈쩍 않을 어둠 한 채

〉

水.

소금 뿌린 미꾸라지처럼 발버둥치는 풍경에 손 슬쩍 밀어 넣으면 미끈덩 잡히는 식어버린 심장, 이 통증은 무엇의 후렴구일까

木.

벽시계 탁상시계 손목시계 차례로 멈췄다 말이 멈췄다 주고받던 눈길조차 멈췄다 숨만 멈추면 완성될 그림 한 점

金.

사람을 쏜 물쐐기는 물꼬에서 그가 죽어 떠내려 오길 기다린단다 물쐐기에 쏘인 건가, 왜 자꾸 무릎이 꺾이나

土.

뛰어가야 하는데 발이 말을 듣지 않는다 허둥대다 깨어보니 꿈이다 그만 쉬어야지 정신 차려야지 육십 년을 개

꿈 꾸고 아직도 꿈꿈

ㅂ.

목덜미 훔켜쥔 레커가 낯익은 골목을 빠져 나간다 돌아볼 겨를 없이 폐차장 향해 가고 있다 그들은 지옥을 믿을까

독

별과 별
백일홍과 나팔꽃
직박구리와 매미
곰팡이 핀 말과 말

사이사이

어슬렁 돌아 나오다

나는 너의
너는 나의
변질된 숨소리

왜 알아채지 못했을까

서로의 먹이였던, 몸
허물 벗듯 벗어놓고

詩를 본 적 있니

한 백년 후, 누가 우리의 詩를 이야기하겠는가 詩가 남아있기나 할까 만약 있다면 로봇이 짓고 스마트하게 얇아진 몸통을 열고 로봇이 지은 詩를 만지작거리겠지

허무맹랑한 이 세기에 왜 詩를 짓느라 골치 썩이나 생각하다가 내가 누군지 생각이 안 나 그만 거울을 보고 말았지 거기, 중늙은 엄마가 나를 빤히 보고 있는 거야

어느 틈에 詩가 아득한 거울 속으로 들어가 버린 걸까 거울 속으로 손을 쑤욱 밀어 넣어보았지 뒤죽박죽 잡히지 않는 자음과 모음들, 요즘 누가 詩를 읽기나 하니?

해설

‘사람노릇’을 그만둔 자리에서 피어나는 詩

— 황희순 시 읽기

오홍진(문학평론가)

황희순 시는 ‘사람노릇’을 그만둔 자리에서 뻗어 나온다. 「꿈의 뿌리」에서 시인은 “이 몸은 본디 날짐승”이라고 선언한다. 날짐승이 되어 시인은 매일 밤하늘을 배회한다. 물론 꿈속에서다. 꿈은 상상이 펼쳐지는 세계이다. 상상의 세계에서 시인은 모든 짐승이 될 수 있다. 날짐승이 될 수 있고, 길짐승이 될 수 있다. 짐승-되기는 사람노릇에서 벗어난 시인이 이른 어떤 지점을 나타낸다. 짐승 입장에서 보았을 때 사람노릇은 무엇을 의미할까? 「동물원 구경하기」에서 시인은 사람과 맹수를 나누는 “튼실한 철조망”을 이야기한다. 철조망을 사이에 둔 두 존재는 "나는 당신이 더 사나운 맹수라 한다/ 당신은 내가 더 사나운 맹수라 한다". 인간은 사나운 맹수를 철조망 안에 가둬두었다. 자유로운 맹수는 인간을 공격할 것이기 때문이다. 그런데 맹수는 인간이 더 사나운 '맹수'라고 주장한다. 그런 듯도 하다. 철조망 안에 갇혀있는 건 인간이 아니라 맹수이니까.

그런데 맹수는 또 맹수대로 생각이 있나 보다. "나는 당신이 우리에 갇혀있다 하고/ 당신은 내가 우리에 갇혀있다 한다". 우리에 갇혀있는 존재는 과연 누구일까? 튼실한 철조망을 인간이 만든 것은 분명하다. 인간은 이성을 무기로 끊임없이 대상을 분류한다. 분류는 돌려 말하면 대상을 지배하는 힘을 표시한다. 인간은 자기 기준으로 사물을 분류함으로써 사람노릇을 한다. 누가 인간에게 이런 권리를 부여한 것일까? 사람노릇을 하는 인간은 스스로 그 이유를 찾아야 한다. 신이라도 있으면 신(神)에게 책임을 지울 텐데, 근대문명이 시작되면서 인간은, 정확히 말하면 근대인은 이 신조차도 죽여버렸다. 이제 인간은 자기가 세운 기준에 맞게 이 세계를 다시 만들어야 한다. 위협이 되는 존재들을 모두 철조망 안에 가두는 이유이다. 인간이 내세운 이성이란 결국 분류한 사물들을 철조망 안에 가두는 일로 나타나는 셈이다.

사람노릇을 그만두려면 무엇보다 이렇게 분류하는 버릇

을 내려놓아야 한다. 분류하는 주체는 항상 자기를 중심에 세운다. 중심을 장악한 인간들은 언제나 명료한 이성을 자랑한다. 짐승과 대별되는 자리에 이성을 놓은 그들은 짐승들을 비이성의 자리에 몰아넣는다. 생각하는 존재만이 오로지 존재할 수 있고, 생각하는 존재만이 오로지 분류할 수 있다. 자기 마음에 틈이 생기는 걸 이들은 절대로 인정하지 않는다. 생각하는 주체는 한없이 투명하다. 이성으로 이해할 수 없는 사물은 바깥으로 내몰면 되기 때문이다. 철조망에 갇힌 짐승들이 그렇고, 비이성으로 내몰린 광인(狂人)들이 그렇다. 황희순 시에 등장하는 화자들은 이성 바깥에 존재하는 짐승들, 광인들과 긴밀하게 이어져 있다. 시인은 꿈속을 헤매는 광인들의 시선으로 이 세상을 다시 본다. 꿈속 세상은 무의식에 갇힌 대상들로 들끓는다. 이성이 미치지 못하는 자리에 무의식이 있고, 무의식에서 길어 올린 시적 주체가 있는 것이다.

> 뱀딸기도 처음엔 달콤했대 이쁘기까지 한 그것이 잘난 체를 넘치게 해서 神이 단맛만 빼앗고 뱀 곁에 뱀처럼 기어 다니게 만들어놓았다는 거야
>
> 뱀이 침 발라 놓았다는 그걸 할머니 몰래 따먹었다고 했잖아 맛을 잃은 뱀딸기가 복수한 거야 저를 탐한 어린 내게

덤터기를 씌운 거지 그렇지 않고서야 어떻게 사람 시늉을
이토록 오래 할 수 있겠어 이십 년 전에도 말했지 사람으로
둔갑한 나를 아무도 눈치 못 챘다고

모퉁이 들어서야 빛나는 이 비늘, 밤이면
세상을 날면들면, 훨훨 춤추는 긴 목
아직도 모르겠어?

내 눈, 똑바로 보라니까

—「蛇足之夢」 전문

시적 주체는 인간과 뱀 사이에 있는 존재이다. 인간이면서 뱀인 존재, 동시에 인간도 아니고 뱀이 아닌 존재가 시적 주체를 형성한다. 위 시는 황희순의 세 번째 시집 『새가 날아간 자리』(리토피아, 2006)에 실린 「뱀딸기 전설」과 연동되어 있다. 할머니는 뱀이 침 뱉어 놓은 게 뱀딸기라고 이야기한다. 뱀딸기를 먹으면 한밤중에 뱀이 기어들어 뱀새끼를 배고, 징그러운 뱀이 된다고 한다. 뱀딸기는 금기인 셈이다. 호기심 많은 어린아이가 이 금기를 지킬 리 없다. 아이는 할머니 말이 믿기지 않아 빨갛게 익은 뱀딸기를 따먹는다. 빨갛게 익은 뱀딸기의 유혹을 아이가 어떻게 견뎌낼 수 있을까? 아이는 서서히, 느물느물, 뱀이 되어간다.

흐린 날이면 먹잇감을 찾아 시장바닥을 어슬렁거렸지만 아무도 뱀으로 변한 아이를 눈치 채지 못한다. 금기를 지키는 사람들 눈에 아이는 그저 아이일 뿐이다. 금기(이성이라고 말해도 좋다) 바깥으로 나가야 뱀으로 변한 아이가 보인다. 시인은 그렇게 아이와 더불어 이성 바깥으로 뛰쳐나간 셈이다.

「蛇足之夢」에서 뱀이 된 아이는 자기 정체를 눈치 채지 못한 사람들을 향해 "내 눈, 똑바로 보라니까"라고 외친다. 아이는 이제 사람들을 피하지 않는다. 그러기는커녕 금기에 갇힌 사람들 앞에서 자기를 입증하려고 한다. 사람들을 피해 "어둔 골방에 숨어 혼자 잠들곤"(「뱀딸기 전설」) 했던 아이는 지금 왜 사람들 앞에 제 모습을 드러내지 못해 안달하는 것일까? 시인은 뱀딸기의 복수를 이야기하고 있다. 뱀딸기가 처음부터 맛이 없었던 건 아니다. 뱀딸기는 맛이 달콤했다. 거기다 예쁘기까지 했다. 뱀딸기가 잘난 체를 넘치게 하자 신(神)이 단맛을 앗아갔다. 그리고는 뱀 곁에서 뱀처럼 기어 다니게 만들었다. 요컨대 뱀딸기는 신의 영역을 침범한 대가로 벌을 받았다. 신이 될 수 없는 존재가 신의 영역을 침범하면, 그러니까 금기를 어기면 뱀(딸기)이 된다는 걸 할머니는 뱀이 침 뱉어 놓은 뱀딸기 이야기로 들려준 것이다.

에덴동산에서 뱀의 유혹에 빠져 사과를 먹은 이브가 생

각나지 않는가? 사과를 먹은 이브는 금기를 어긴 대가로 에덴동산에서 내쫓긴다. 지금 우리와 같은 사람이 된 것이다. 할머니의 말을 어기고 뱀딸기를 먹은 아이도 오랫동안 "사람 시늉"을 하고 있다. 아이는 자신을 사람 시늉을 하는 존재라고 이야기한다. 사람 시늉을 하는 존재는 말 그대로 사람이 아니다. "사람으로 둔갑한 나"는 사람들 시선이 미치지 않는 모퉁이에 이르면 빛나는 비늘로 뒤덮인 뱀으로 변한다. 밤이면 세상을 나돌며 긴 목을 쭉 빼고 훨훨 춤을 추기도 한다. 사람 시늉은 낮에만 하면 된다. 밤이 오면 아이는 사람 시늉을 내려놓고 다리 달린 뱀이 되는 순간을 만끽한다. 다리 달린 뱀 아이는 자기를 외면하는 사람들을 향해 눈을 부릅뜬다. 사람들은 보이는 대상만 인정한다. 보이지 않는 세계에 대해서는 무조건 눈을 감는다. "내 눈, 똑바로 보라니까"라고 아이가 외쳐도 상황은 달라지지 않는다.

「꿈의 뿌리」에서 시인은 "그들이 떼어간 팔다리머리심장,"을 쓸모없는 것들이라고 말한다. 팔, 다리는 그렇다고 쳐도 머리와 심장도 쓸모없는 것이라는 시인의 생각을 우리는 어떻게 받아들여야 할까? 머리와 심장은 생명의 근원이다. 머리와 심장이 없으면 우리는 더 이상 삶을 유지할 수 없다. 시인은 사람노릇을 그만두려면 머리와 심장까지도 도려내는 아픔을 견뎌야 한다고 생각한다. 유기체로서 생명성을 넘어선 자리에서 뱀이 된 아이와 같은 시적 주체를 이끌어냈다고나 할까? 머리가 머리 역할을 하고, 심장이 심장 역할을 할 때 유기체는 한 생명으로 살아남게 된다. 얼굴에는 눈과 코와 입과 귀가 있다. 눈에게는 눈의 역할이 있고, 귀에게는 귀의 역할이 있다. 눈이 코와 입의 역할을 하려고 들면 어떻게 될까? 유기체는 경계를 뚜렷이 나눈다. 눈과 코와 입과 귀가 뭉개진 얼굴을 상상할 수 없듯이, 유기체는 각 기관들이 저마다 제 역할을 수행하는 과정 속에서 비로소 형상을 얻는다. 황희순이 내보이는 시적 주체는 무엇보다 이러한 유기체를 벗어난 자리에서 뻗어 나온다. 기관 없는 신체(들뢰즈)라고 표현하면 어떨까?

> 처음부터 우리 사이엔 날선 칼이 놓여있었지 서로를 넘나드는 발자국에 피가 묻어났지 나란히 누워 마주보면 이빨 사이로도 피가 스몄지 그 피 서로 핥아주며 낄낄거렸지 손만 잡아도 상처가 환히 피었지 너의 외로움과 나의 즐거움이 부딪치면 불똥이 튀었지 둘이 머문 들판은 언제나 축제장이었지 불꽃 낭자한 축제에 정신이 팔려 피를 몽땅 낭비해 버렸지 우린 껍질만 남아 밀려다니다 사라졌지 살고 살고 또 살아도 어김없이 혼자라도 다시 살고 싶어지는 12월, 오래 숨겨두었던 마지막 남은 피를 꺼냈지 새싹이 봄에만 돋는 건 아니지
>
> —「수혈놀이」 전문

기관이 없는 신체는 그냥 살덩어리일 뿐이다. '살덩어리' 라는 맥락에서 보면, 철조망 안에 갇힌 맹수나, 철조망 바깥에 있는 인간이나 다르지 않다. 인간은 살덩어리를 분류하여 팔과 다리, 얼굴 등을 구별하지만, 그런다고 해도 인간이 살덩이라는 진실은 달라지지 않는다. 위 시에서 시인은 피를 몽땅 낭비해 버리고도 여전히 살아있는 존재를 노래한다. 유기체는 피를 몽땅 흘리면 살아남을 수 없다. 껍질만 남은 존재가 살고 또 살려면 유기체라는 기준에서 과감히 벗어나야 한다. 몸에서 피가 모두 빠져도 살덩어리는 그대로 있다. 살덩어리에 피가 흐르는 존재를 우리는 살아있는 생명이라고 이야기한다. 불꽃 낭자한 축제에 정신이 팔려 피를 낭비한 존재는 "다시 살고 싶어지는 12월, 오래 숨겨두었던 마지막 남은 피를" 꺼낸다. 새싹이 봄에만 돋는 게 아니라는 말로 시인은 이 상황을 비유한다. 살덩어리에 피가 흐르면 새로운 생명이 탄생한다. 인간과 짐승을 구분하는 논리는 '살덩어리' 라는 사물 앞에서 쉽사리 허물어지는 셈이다.

「耳順」에서 시인은 "나, 곧/ 껍데기만 남을 게 뻔하다" 라고 고백한다. 껍데기만 남는다고 죽는 건 아니다. "이제야 비로소 내 몸에/ 무엇이든 담을 수 있겠다" 라고 시인은 분명히 말하고 있기 때문이다. 무엇이든 담을 수 있는 몸은 무엇으로든 변할 수 있는 몸과 다르지 않다. 뱀딸기를 먹은 아이는 뱀이 되듯이, 시인은 다양한 생명들과 "別別 동거"(「別別 동거」)를 하는 시적 주체를 표현한다. 이 시집의 제2부에 실린 시 제목에는 대부분 '거울' 이라는 말이 들어가 있다. 시인은 온갖 곤충들을 거울삼아 자기를 들여다본다. 이를테면 「초파리의 거울」에서 시인은 "두리번대다 지워진 목숨이/ 어찌 너뿐이겠니"라고 쓴다. 말벌—영양—고추잠자리—꼽등이—바퀴벌레 등으로 이어지는 목숨들의 수난은 궁극적으로 살덩어리에 불과한 인간에게도 미친다. 인간은 살덩어리 운명에서 피할 수 없다. 모든 생명은 시간이 되면 죽고 썩는다. 껍데기인 인간 역시 다른 생명보다 나은 존재라고 말할 근거가 아예 사라지는 것이다.

「기러기의 거울」을 보면 "걸핏하면 길 잃는 나"가 나온다. 기러기는 저만의 나침반이 있어 수만 리를 날아가도 길을 잃지 않는다. 고무나무도 주인을 알고 개미도 제 길을 찾아가는데, 시인은 틈만 나면 길을 잃고 헤맨다. "외계인이 몰래" 시인 머리를 열고 "자석칩"이라도 정말 심어놓은 걸까? 지구에 붙어 기생하는 한 생명인 인간이 지구를 정복하는 야망에 불타고 있다. 과학의 힘으로 무장한 인간은 지구를 가차 없이 파괴한다. 지구 속에 인간이 사는 게 아니라 인간이 지구라는 행성을 만든 것 같다. 지구가 사라지면 인간은 어떻게 되는 걸까? 자석칩을 뇌에 심으면 길을 잃는 기러기처럼 인간은 지구 자기장이 약간만 바뀌어도 살아남을 수 없는 생명일 뿐이다. 「향어의 거울」에 나타나는 대로, 인간은 "내 살 위해 네,/ 살이 필요" 한 상황에서 결코 벗어날 수 없다. 인간은 향어를 먹고 살을 찌운다. 인간의 몸=살은 다른 동물들의 몸=살로 구성되어 있다는 얘기다. 수많은 생명들이 "밑도 끝도 없이/ 기웃대며 부대끼며"(「刖刖 동거」) 사는 장소가 바로 우리 몸이다. 이성이 미치지 못하는 자리에서도 인간은 여전히 불꽃을 지피고 있는 것이다.

까마득한 옛날, 7일 동안 일어난 일이야. 그땐 세상에 아무것도 없었어. 신은 홀로 모든 걸 창조하셨지. 그리고 또 하나, 사랑스런 너를 내게 보내셨지.

쉿, 입을 막았을 뿐인데……. 네가 왜 움직이지 않는지 나중에 알았어. 내 자식을 내가 죽인 거야. 총을 들었지. 내 이마에 대고 방아쇠를 당겼어. 그뿐이야. 한참 뒤 네 목소리가 다시 들리기 시작했어. 아무 일 없다는 듯 놀고 있었어. 죽었으면서 넌 안 죽은 거야. 절대 포기하지 말고 강해지라고, 좋은 엄마가 되어보라고, 신이 기회를 주시는구나 믿었지.

모든 게 어렴풋이 보여. 견디기 힘들 땐 냉정해져야 해. 커튼을 닫아야 환해지는 낯선 방, 빛은 위험해. 이건 꿈이 아니야. 저승이 정말 있을까. 있다 해도 가면 안 돼. 여기가 이승이자 저승. 죽은 자와 산 자가 함께 사는 곳. 그래야 해. 그래야 해.

— 「나머지 사람들」

죽은 자와 산 자가 함께 사는 곳은, 인간은 들어갈 수 없는 세계이다. 죽은 자는 저승으로 가야 하고, 산 자는 이승에 남아야 한다. 죽음은 인간에게는 한계 지점과 같다. 한계 지점을 넘어서면 인간은 인간으로 살아갈 수 없다. 영화 〈디 아더스The others〉에 나오는 대사를 재구성하여 쓴 위 시에서 시인은 "여기가 이승이자 저승."이라고 이야기한다. 이승과 저승의 경계가 허물어지는 순간 인간은 더 이상 '인간'이 아닌 게 된다. 사람노릇은 이승과 저승을 정확히 분류하는 세계에서만 가능하다. 이성이란 게 원래 그런 것 아닌가? 근대 철학을 이끈 데카르트는, 인간은 생각하는 존재라고 주장했다. 인간만이 생각할 수 있다. 생각하는 주체로 인간을 상정하는 순간, 인간 바깥에 있는 모든 것은 생각하는 주체가 마음대로 할 수 있는 대상이 되어버린다. 생각하지 못하는 인간 또한 마찬가지로 대상이 된다.

위 시에도 나타나는바, 시인은 영화 속 인물들을 시 세계로 불러낸다. 영화에 등장하는 인물들과 더불어 진행되는 '역할놀이'는 시인이 하나로 환원될 수 없는 자리에 '인간' 을 배치하고 있음을 분명히 보여준다. 역할놀이는 곤충들을 통해 벌인 거울놀이와 다르지 않다. 스크린에 비친 인물들의 언어를 온몸으로 받아들임으로써 시인은 그들의 마음속으로 헤집고 들어간다. 「나머지 사람들」에서 자식을 죽인 어미가 되어 산 자와 죽은 자가 공존하는 세계를 경험하고, 「인생은 아름다워」와 「인생이 아름다워?」에서는 아우슈비츠에 갇힌 아버지와 아들의 상황을 실감나게 묘사한다. 아버지는 아들 조슈아에게 "이건 끝까지 게임"이라고 말한다. 어린 아들에게 게임은 놀이다. 아버지는 놀이의 끝에 죽음이 도사리고 있다는 걸 알지만, 아들은 그냥 즐거운 게임일 뿐이라고 생각한다. "흡, 숨소리도 내면 안 돼. 더 꼭꼭 숨어야 해. 누가 뭐래도 살아남아야 하니까."(「인생이 아름다워?」)에 담긴 실제 상황을 이해하려면 아이는 좀 더 나이를 먹어야 한다.

산 사람은 어쨌든 살아야 한다. 조슈아는 어른이 되면 아버지가 말한 게임의 진실이 무엇인지 알게 될 것이다. 그때가 되면 그 또한 세상과 또 다른 게임을 해야 한다. 시인의 말마따나 "숨기 좋은 곳"(「인생이 아름다워?」)은 한때나 있을 뿐이다. 살아남으려면 숨기 좋은 곳을 따로 찾거나, 아니면 게임의 규칙 자체를 바꿔야 한다. 게임의 규칙은 어떻게 바꿀 수 있는 것일까? 「Last Holiday」에서 시인은 "반복되는 춤을 두려워하지 않으면 돼"라고 이야기한다. 게임은 끊임없이 반복된다. 삶이 있으면 죽음이 있고, 죽음이 있으면 삶이 있다. 삶과 죽음이 반복되는 한 게임 또한 반복될 수밖에 없다. 생명들이 벌이는 게임이란 결국 살기 위한 놀이가 아니던가. 「고통의 규칙」에 나오는 프리다 칼로는 "내가 할 수 있는 건 계속 살아있는 거였어요."라고 고백한다. 게임의 진실은 단 하나다. 어떻게든 살아있으라는 것이다.

> 검지와 중지를 톱날같이 치켜든 의사가 노인의 무릎 아래와 위를 마름질한다. 여기서 여기까지 이만큼, 되도록 무릎은 남기려고 하는데… 어… 어… 그…글쎄요, …봐야겠습니다. 톱날 지나간 자리에 그어진 붉은 펜 자국이 주름진 허벅지를 파고든다.
>
> 쪼그려 앉아 밤을 지새운 노인이 절룩절룩 낭떠러지를 걷는다. 엄니, 그만 좀 누우세요. 아~아~아녀, 괜찮어 괜찮어, 원제 또 걸어보겄냐. 이동침대가 병실 복도에서 기다리고 있다. 한 발짝만 더, 한 발짝만 더더, 지팡이가 몇 시간 후면 잘릴 썩어 들어가는 오른발을 자꾸자꾸 끌고 다닌다.
>
> —「회진하는 木手 –정형외과 병동 724」

의사는 노인의 무릎을 살덩어리로 본다. 의사는 검지와

중지를 톱날같이 치켜들고 노인의 무릎 아래와 위를 마름질한다. 톱날이 지나간 무릎에 붉은 펜 자국이 그어져 있다. 쪼그려 앉아 밤을 지새운 노인이 아픈 다리로 걸음을 걸으려 한다. 걱정하는 자식을 향해 노인은 "원제 또 걸어보겄냐."라고 말한다. 자식이 무슨 말을 할 수 있을까? 지팡이를 짚고 노인은 몇 시간 후면 잘릴 오른발을 자꾸만 끌고 다닌다. 썩어 들어가는 오른발을 잘라내지 않으면 노인은 죽는다. 목수(木手)가 된 의사는 노인의 다리를 별다른 생각 없이 잘라낼 것이다. 인간이 이룩한 근대는 어찌 보면 노인의 썩어가는 다리를 바라보는 의사=목수의 마음으로 대변될는지 모른다. 의사는 살릴 건 살리고, 죽일 건 죽인다. 죽어가는 것마저도 살리고 싶은 노인의 마음을 살필 겨를이 없다.

「돋아라, 날개」에서 시인은 "날개단신발"을 신고 하늘을 나는 상상을 펼치고 있다. 신발에 날개가 돋는 상상으로 시인은 썩어가는 오른발을 자꾸만 끌고 다니는 노인을 들여다본다. 썩은 다리로 "한 발짝만 더"를 외치는 노인은 지금 꿈을 꾸고 있다. 가만히 앉아 무릎 아래가 잘려나갈 때만 기다릴 수는 없지 않은가? 날개가 달린 신발을 상상하는 이면에서 시인은 여전히 고통에 빠진 프리다 칼로를 떠올린다. 「고통의 규칙」에는 "약간의 상처"를 이유로 한 남자가 여자를 스물두 번이나 칼로 찌르는 이야기가 나온다.

남자는 여자들이 자기를 무시했다고 이야기한다. 여자들에게 복수하기 위해 한 남자는 한 여자를 무참하게 죽였다. 프리다 칼로가 그린 〈희망 없는〉(1945)이라는 작품에 빗대어 시인은 희망이 전혀 보이지 않는 이 사회를 우울하게 노래한다. 날개를 향한 상상은 결국 희망 없는 사회에 대한 우의(寓意)로 드러나는 셈이다.

황희순 시에 나타나는 대상들은 '사람노릇' 에 집착하는 눈으로는 미처 헤아리기 힘든 의미를 내포하고 있다. 사람노릇에 집착하면 희망은 더 이상 보이지 않는다. 시인이 인간이라는 범주를 넘어 곤충이나 영화 속 인물들을 거울로 삼는 까닭은 여기에 있다. 「덫에 걸린」에서 시인은 기다려도 바뀌지 않는 신호등을 이야기한다. 사람들은 신호등이 고장 났다며 도로를 마구 건너간다. 한 여자만 길을 건너가지 못한다. 그녀는 빨간불이 자기를 노려보고 있다고 생각한다. 경계를 나누면 늘 덫에 걸리기 마련이다. 덫이란 스스로 세운 마음속에 스며들어 있다. 이성이라는 덫에 매인 인간은 자신이 세운 기준 밖으로 나가려고 하지 않는다. 시인은 같은 시에서 "이십 년을 하루같이 어깨에 내려앉는 그림자, 백년이 가도 꿈쩍 하지 않을 어둠 한 채" 에 주목한다. 그림자와 어둠을 보려면 이성이 세운 성채에서 과감하게 뛰어내려야 한다. 「자폐」에서 시인은 바닥없는 벼랑을 향해 한발 한발 내딛는 존재를 표현한다. "이 땅에 사람답

게 필 기회"(같은 시)는 이렇게 벼랑 아래로 한 발을 내딛는 순간 펼쳐지는 것이다.

> 한 백년 후, 누가 우리의 詩를 이야기하겠는가 詩가 남아 있기나 할까 만약 있다면 로봇이 짓고 스마트하게 얇아진 몸통을 열고 로봇이 지은 詩를 만지작거리겠지
>
> 허무맹랑한 이 세기에 왜 詩를 짓느라 골치 썩이나 생각하다가 내가 누군지 생각이 안 나 그만 거울을 보고 말았지 거기, 중늙은 엄마가 나를 빤히 보고 있는 거야
>
> 어느 틈에 詩가 아득한 거울 속으로 들어가 버린 걸까 거울 속으로 손을 쑤욱 밀어 넣어보았지 뒤죽박죽 잡히지 않는 자음과 모음들, 요즘 누가 詩를 읽기나 하니?
>
> —「詩를 본 적 있니」

한 백년이 지난 후에도 시는 과연 살아남을 수 있을까? 시인은 "로봇이 지은 詩"를 이야기한다. 로봇이 지은 시에는 과연 상상이 남아있을까? 상상은 언제나 기준을 벗어난다. 근대이성을 대변하는 의사가 멈춘 자리에서 시인은 상상력을 펼치기 시작한다. 사람들 말마따나 시를 쓴다고 밥이 나오는 건 아니다. 신자유주의가 유포한 무한경쟁 논리

에 익숙한 사람들에게 문학은 그저 쓸모없는 말놀이인지도 모른다. 그런데도 누군가는 이 '쓸모없는' 시를 쓰며 새로운 희망을 엿본다. '쓸모없음의 쓸모'를 문학에 적용한 한 비평가(김현)가 떠오른다. 물론 그가 산 1980년대와 지금 우리가 사는 2010년대를 같은 맥락에 놓을 수는 없다. 시의 시대라고 일컬어지는 1980년대를 관통하며 비평을 쓴 평론가는 쓸모없는 문학에서 쓸모를 찾으려는 희망을 글로 표현했다. 2010년대에 글을 쓰는 평론가 또한 과연 이런 희망을 품고 있을까?

그때나 지금이나 문학은 밥을 얻기 위해서라면 피해야 할 일이다. 하지만 1980년대를 산 시인들은 시에서 희망을 찾는 일을 결코 포기하지 않았다. 시의 시대라는 말에는 그만큼 많은 사람들이 시를 통해 새로운 세상을 꿈꾸었다는 의미가 내포되어 있다. 문학은 꿈꾸기를 통해 타락한 현실과는 다른 세계와 마주한다. 뛰어난 능력을 지닌 인공지능이라고 해도 다가가기 힘든 진실이 꿈꾸는 문학 속에는 들어있다. 시인은 "허무맹랑한 이 세기에 왜 詩를 짓느라 골치 썩이나"라고 한탄한다. 맞는 말이다. 누구는 남는 돈을 어디에 투자할까 골치를 썩이는데, 시인은 전혀 돈이 되지 않는 시를 지으려고 골치를 썩인다. 자본주의가 유일 체제가 되어버린 세상에서 자본의 논리를 거부하고 살아남을 수 있을까? 21세기를 사는 사람들은 자본 논리에 충실하려고 한다. 자본 논리는 무한경쟁 논리를 가리킨다. 자본은 또 다른 자본으로 증식을 해야 한다. 자본에 이익이 되는 '문학' 만이 미래에도 살아남을 거라는 얘기다.

자본은 사람노릇을 하는 인간을 원한다. 자본의 논리에 충실한 사람들이 사람노릇을 잘 한다. 이익을 위해서라면 자연 파괴쯤 아무렇지도 않게 생각하는 사람들이 '사람노릇'을 잘 하는 이들이다. 자연을 상상하지 않고, 자본을 증식하는 수단으로 자연을 사고하는 사람들이라고 말해도 좋다. 이런 사람들이 지배하는 세상에서 시를 쓴다는 건 과연 어떤 의미가 있을까? 시인은 시를 쓰는 이유를 생각하다가 문득 거울에 비친 자신을 본다. 자신을 빤히 보는 중늙은 엄마를 통해 시인은 엄마에서 딸로 이어지는 삶을 돌이켜본다. 세상이 변해도 변하지 않는 진실은 있기 마련이다. 시인은 거울 속으로 손을 쑥 밀어 넣는다. 무언가가 잡히는 듯하지만 실상은 아무것도 잡히지 않는다. "뒤죽박죽 잡히지 않는 자음과 모음들"로 어떻게 시를 쓸 수 있을까? 자음과 모음이 만나 시어를 이룰 때 한 편의 시가 탄생한다. 거울 속에 있는 엄마는 자음과 모음들로 해체된 어떤 대상을 에둘러 보여준다. 자본 앞에서 정체성을 잃은 존재가 중늙은 엄마의 형상으로 드러나고 있는 셈이다.

황희순이 보는 거울에는 수많은 타자들이 밖으로 뛰쳐나가기 위해 겹겹이 모여 있다. 의미를 벗어나 그들은 무의식 세계를 마음대로 떠돈다. 시인은 타자들이 뱉어내는 말들을 온몸으로 받아낸다. 자음과 모음들이 뒤죽박죽 뒤섞여 혼돈을 이루는 말들이다. 사람노릇에 익숙한 사람들은 뒤죽박죽 섞여 있는 이 말들을 종류별로 나누어 의미를 부여한다. "요즘 누가 詩를 읽기나 하니?"라는 질문은 무엇보다 사람노릇에 깊이 젖은 인간들의 시선을 대변한다. 시(인)는 뒤죽박죽 널린 대상들을 그대로 들여다보려고 한다. 자음과 모음이 모여 의미를 이루는 언어와 마주하는 데서 황희순 시가 비롯된다는 얘기다. 인간의 언어로는 표현하기 힘든 자리에 철조망이 있다. 철조망이라는 경계는 사람노릇을 하는 인간이 세운 것일 뿐이다. 철조망의 경계에서 시인은, 짐승이 되고 아이가 되고 광인이 된다.

미래의 시는 어찌 보면 이러한 짐승=아이=광인들이 거침없이 뛰어노는 아주 드문 놀이터가 될지도 모른다. 돌려 말하면, 시간이 흐를수록 시는 찬밥 신세가 될 수밖에 없다. 시인은 이성이 지배하는 세계 바깥으로 영원히 탈주해야 할 운명을 타고났다. 그것은 상상력으로 먹고사는 존재가 반드시 짊어져야 할 운명이다. 로봇이 시(?)를 쓰는 시대에도 시인은 여전히 살아남을 것이다. 모든 것을 완벽하게 통제하는 세계는 불가능하기 때문이다. 틈이 있는 곳이면 어디서나 생명이 피어난다. 시 또한 마찬가지다. 황희순은 굳건해 보이는 이성의 성채를 향해 돌을 던지는 행위를 멈추지 않는다. "뒤죽박죽 잡히지 않는 자음과 모음들"로 이루어진 돌이다. 그 돌을 한 손에 들고 시인은 자기 앞에 선 미래의 거울과 숙명처럼 마주하고 있는 것이다.

애 지 시 선

002 붉디 붉은 호랑이 장석주 시집
003 붉은 사하라 김수우 시집
004 자전거 도둑 신현정 시집
005 정비공장 장미꽃 엄재국 시집
006 기차를 놓치다 손세실리아 시집
007 바람의 목례 김수열 시집
008 그리운 연어 박이화 시집
009 뜨거운 발 함순례 시집
010 정오의 순례 이기철 시집
011 그 남자의 손 정낙추 시집
012 즐거운 세탁 박영희 시집
013 구룡포로 간다 권선희 시집
014 좋은 날에 우는 사람 조재도 시집
015 여수의 잠 김열 시집
016 축제 김해자 시집
017 뜻밖에 박제영 시집
018 꽃들이 딸꾹 신정민 시집
019 안개부족 박미라 시집
020 아배 생각 안상학 시집
021 검은 꽃밭 윤은경 시집
022 숲에 들다 박두규 시집
023 물가죽 북 문신 시집
024 마늘 촛불 복효근 시집
025 어처구니 사랑 조동례 시집
026 소주 한 잔 차승호 시집
027 기찬 날 표성배 시집
028 물집 정군칠 시집
029 간절한 문장 서영식 시집
030 고장 난 아침 박남희 시집
031 하루만 더 고증식 시집
032 몸꽃 이종암 시집
033 허공에 지은 집 권정우 시집
034 수작 김나영 시집
035 나는 열 개의 눈동자를 가졌다 손병걸 시집
036 별을 의심하다 오인태 시집
037 생강 발가락 권덕하 시집
038 피의 고현학 이민호 시집
039 사람의 무늬 박일만 시집
040 기울어짐에 대하여 문숙 시집